야생의 여름을 주세요

문정서 시집

상상인 시인선 *076*

어쩌면 행운은 우편으로 보내는 것인지도 몰라
잘 도착했는지 회신 부탁해

*본문 페이지에서 한 연이 첫 번째 행에서 시작될 때에는 〈 표기를 합니다.
*저자의 의도에 따라 작품의 보조 동사와 합성 명사는 띄어쓰기가 달라질 수 있습니다.

시인의 말

기와를 타고 내리는 초여름 빗방울

그 빗방울이 누군가에게는 동무이기도 배반이기도 하다

한껏 무거워진 클레마티스

행방을 쫓아가는 근원이 된다

2025년 7월
문정서

차례

1부
봄날 기왓장 위에 앉은 새

포연의 뿌리	19
물속 세상	20
으아리	22
마음상자	23
피스	24
꽃 화장	25
점	26
거미	27
머릿속에 새가 살아요	28
이해하려고 하지 말고 알아만 줘	29
알콜 중독	30
선물	32
날마다 태우는 여자	33

2부
어쩌면 행운은 우편으로 보내는 것인지도 몰라

급류	37
그 섬에 가면	38
내 작은 새 클로이	40
너를 기억해	42
흘러가는 새	43
목련상여	44
치섬 신부의 일기장	45
꿈꾸는 교실	46
물구나무로 세상 읽기	48
어린 청개구리의 울음	49
기울어진 배추밭	50
누가 더 놀랐을까	51
씨감자	52
제비꽃	53

3부

담장 넘는 고양이 울음 들릴 때

지상과 공중 어디쯤 깃들어	57
사과를 심은 이유	58
서숙할매의 밭	59
가장 단단한 집	60
둥이	61
그러지 말아야 했다	62
붉은 드럼통	63
한려해상	64
해피 죽도	65
베티 수녀님	66
엄마 보러 가는 날	67
고요로 고열을 내리는 밤	68
개미는 개미의 걸음으로 나는 내 방향으로	69

4부
작약이 꽃을 피우면 세상은 붉어 아름다운데

어머니가 꿈에서 깨지 않으면 좋겠어요	73
스르르	74
기억하지 못하는 거울	76
일곱 살에 갇힌 순자씨	77
흙으로 가는 길	78
한가위 혼밥	80
목화꽃 꽃말을 안으면	81
상사호	82
사순절에 부치는 편지	84
신풍 바닷가	85
블롭피시	86
버드나무 옆의 프래 씨	88
마한 유적	90
안풍동 통나무집	91

해설 _ 상처 입은 존재들을 위한 치유의 시학   93
황정산(시인, 문학평론가)

1부

봄날 기왓장 위에 앉은 새

포연의 뿌리

붉은 튤립이 허공에 꽃을 피우는 꿈을 꾼다
뿌리 없는 뿌리를 생각한다

뿌리는 포연 속에서 내리고

바닥을 모르고 상승하다 추락하는
꽃의 꿈

허공에 심어진 붉은 튤립은 자유로운 뿌리
경계를 지우는 우리의 밑동

포연 가득한 지구에
한 사람 튤립 두 사람 튤립을 피우면
평화가 올까

물속 세상

서열이 있다
엔젤 피쉬 청소 물고기 비파 네온테트라

그저 예쁜 놈 장난치고 달아나는 놈 줄기차게 쫓아다니는 놈

어쩌다 보이는 숨어 있는 놈
검은색이 몸을 가리기에 더없이 좋아 보인다

맑은 눈에만 보이는 그놈은
가끔 놀림을 받고 도망쳤다가 다시 제자리로 온다

뭍에서 만난 물고기
어디를 가나 길쭉한 병에 빨대를 꽂고 다니는
가시광선을 쏘아대듯 사나운 눈빛

세상 물정 모르는 작자
세상 모르게 제 말만 하고 사라진다

눈 한번 맞출 수 없는

나의 반려들이여

동무이기도 배반이기도 한

으아리

야생의 여름을 주세요

얽히고 매달려 애원하기 전에요

두 번 세 번 돌아보는

척박한 공중 세상에서

당신이 불어오길

기다려요

마음상자

꽃이라서
피고 또 피는 줄만 알았네
꽃이라서
져도 되는 줄 알고 졌네

열면 안 되는 판도라도 아닌데
열지 않네 서로

바닥난 사랑의 묘약아
사라진 설렘아

전쟁은 그만

딩동
방금 배달받은
택배 상자를 여는 기분으로

즐겁게 마음 열자 우리

피스

축제가 있고 음악이 있고 춤이 있고 소녀가 있고

가자지구에는 전쟁이 있다
트럭에 실려가는 소녀에게
음악도 없고 춤도 없다

평화는 어머니가 딸을 품는 시간
돌아오기를 기도하던 어머니

소녀야 너는 평화를 울부짖는 새

지구 반대편 봄날 기왓장 위에 앉은 새

피스피스피스 소녀의 울음 같은

꽃 화장

가시를 태우네
지난여름 부겐베리아에게 찔렸던 핏방울을 태우네

일생은 간데없어 죽어서도 아름다워라
겨울의 드라이플라워

미라처럼 닫힌 방에 누워 있다가
천지에 봄꽃이 피어나면
보내주어야 하네

벽난로 안에 몸을 내려놓네
장례 절차대로 장작 위에 불을 붙이네
활활 불꽃으로 피네

연통을 타고 굴뚝 너머로 흩어지네
공기 속으로 돌아가네

점

내가 왔다 간 흔적, 점
티끌도 먼지도 점
그렇게
점 찍는다

끝없이 이어지는 수평선
후포항 카페리 한 척, 점
선상에서의 카메라 렌즈도 점
저 신혼부부의 언약도 점
멀리 보이는 항구도 점

때로는 보이는 것이 다가 아닌
길이 있다고
착각하며 가는 길, 점

만남도 헤어짐도
하나의 점이라는 친구 희림이

거미

그물을 친다
펼쳐진 허공이 다 내 세상인 것처럼

씨줄과 날줄 엮은 교묘한 위장술
집을 지은 저만이 아는

눈치채지 못하여
발버둥 치다 걸려들 먹잇감을 기다린다
쾌재를 부르며

그래도 너는
먹을 것과 먹지 않아야 할 것은
알고 있는 거겠지

머릿속에 새가 살아요
- 조현병

  3병동 복도 끝, 창가에 열린 네모난 하늘, 20대 현호는 팔짱을 끼고 미동도 없다 그가 바라보는 시선을 따라가 본다 새 한 마리 그의 눈길을 붙들고

  군대 생활에 적응을 못 한 그는 관심병, 집단 따돌림과 환청에 시달리다 군복을 입은 채 입원하였다

  그가 그려낸 풍경화는 난해한 현대미술, 십자가는 도화지 한쪽 구석으로 밀려나고, 교회 지붕은 그림을 받치듯 발판처럼 서 있다 그가 그린 인물화는 추상화가 된다 눈은 동그라미 밖으로 뛰쳐나오고 눈썹은 일자로 동그라미 옆에 서 있다

  바이올린 비올라의 흔들리는 선율 속 텅 빈 골짜기로 울리는 끊임없는 에코

  천사와 악마의 속삭임에 웃고 우는 그, 움직이는 새 한 마리는 그에게 자유일까 자유를 갈망하기는 할까 표정이 없어 속내를 알 수 없다

이해하려고 하지 말고 알아만 줘
- 에피소드 1

 정신병동 중환자실, 용심 씨는 눕지 않는다 침대에 앉지도 않는다 그녀는 침대 위에서 방방 뛰며 숫자를 센다 이름을 물으면 숫자로 답한다 1725호, 잠시도 쉬지 않고 뛰는 그녀의 얼굴에 숫자의 절박함이 묻어 있다

 약물에 조금 순응하자 일반병동으로 옮겨졌다 뛰며 숫자를 세는 대신 공기를 정화하는 것이 그녀의 목표가 되었다 간호사실 옆 복도에 걸려 있는 헤어드라이어, 식사 시간이면 좋은 공기를 내보낸다고 휘두르는 드라이기 바람을 피해 멀찍이 식사를 기다리는 환자들, 힘으로는 거둬들일 수가 없다

 직원의 기지로 모면하는 위기, 커다란 제스처와 긍정적인 목소리, 여러분~ 지금 공기가 아주 좋지요? 한결같이 네! 라고 입을 모은다

 그러면 안 해도 돼요 드라이어를 내려놓은 용심 씨, 산소 20% 하며 숫자로 정화된 식탁에 앉는다

알콜 중독
- 에피소드 2

 알콜 중독자를 상담하여 환자를 치료의 장으로 나오게 하는 것이 나의 업무, 가정방문은 한 시간 반 때로는 두 시간이 되기도 했다 질문은 간단하여도 답변은 끝이 없었다 돌고 돌아 맥락 없이 반복되는 이야기 들어주기를 마치고 나온다

 그날은 면담을 마치고 나오자, 머리가 터질 듯 아팠다 횡설수설하는 환자인 남자 대신 질문에 답하는 그의 어머니에게 들은 말, 언젠가 술값 구걸을 위해 버스정류장에서 천원만~ 버스비가 없어요 천원만~ 하며 구걸하는 것을 중학생 딸이 보았고, 딸은 친구들과 함께였다고 한다 그날로 가출한 딸, 부인은 술 취해 있는 남편으로부터 매일 폭행에 시달리다 이미 떠난 지 오래, 아들은 가출하여 중국집 배달원으로 일하고 있었다고

 깨어진 가정, 방바닥은 온통 칼로 찍힌 자국으로 어지러웠다 술에 취했을 때와 술을 끊으려 할 때마다 그에게 달려드는 혼란과 싸운 흔적들

 간신히 치료센터로 나온다는 약속을 받고 나오는데,

대문 옆에 소주병과 맥주캔들, 발로 차고 싶은 충동을
느꼈다 나는 주변을 살피며 빈 깡통을 힘껏 찼다

　술집을 피해 돌아서 먼 길을 다니기도 했을,
　술이 있는 세상으로부터 중독으로부터 돌아와야 할 그

선물

한 줄기 바람이
불길 여는 것 보았나요

봄비에 무거워진 어린 꽃잎
햇살 보며 쉬는
안도의 숨 들었나요

누군가의 손길로 채워진 물그릇
오래 굶은 고양이
헐떡헐떡 몸이 살아나는 것 보았나요

바람 햇살 한 움큼의 물…

모두 선물입니다

날마다 태우는 여자

숲은 다 어디로 갔을까
갈증이 날 때마다
땔감을 찾는 버릇이 생겼다

뜨거운 커피 한 모금 넘기지 못하는 그녀
불 앞에 앉아 있다

잎들은 숨죽이며 바삭거리고
가지들은 버티다 튕겨 나간다
껍질 속의 애벌레
꿈틀거리며 나오다
아궁이 아래로 구른다

타오르는 불길을 응시하는 눈동자
일기장의 페이지마다
재가 된 글자들이 빼곡하다

2부

어쩌면 행운은 우편으로 보내는 것인지도 몰라

급류

손바닥을 펼치면 신이 아닌 신이 펼쳐진다
맹목적으로 믿는다
당신도 나도 멈추지 못하는 마력
무언의 말씀, 클릭 클릭

영화 속에서 떠내려가는 사람들이
강을 거스르지 못하는 물고기 마냥
위험하다는 경고를 듣지 못하고
맞춰진 주파수에만 골몰한다

더 가면 낭떠러지야

외쳐도 듣지 못하고
더 심해로 빠져드는

거북목을 가진 사람들

그 섬에 가면

선두를 바꾸며 대열을 가다듬는
두루미 떼를 보라
약한 친구를 가운데 두는 그 지략은 어디서 오는가
수많은 날개가 내는 음파를 들어보라

숨 가쁜 비행을 마친 후 순천만 습지에 도착하여
행복을 즐기고 있는 철새들의 웅얼거림

한 마리
무리에서 파드득 다가와 눈을 마주친다
너도 어서 날아 봐
몸을 햇살과 바람에 맡기는 거야

날개도 없고 몸집이 큰 나
어디서부터 시작할까

비워야 하는 거야

나의 겹들을 하나씩 벗는다
물건을 버린다

겨드랑이가 가렵다
나에게도 날개가 돋아나려나 보다

너처럼 가벼이
살고자 할 때
나는 그 섬에 있을 거다

내 작은 새 클로이

초저녁 삼겹살 두어 근 사 가는 길
차 안에 베이컨 굽는 냄새가 난다

비쩍 마른 몸매에 긴 다리
미국으로 이민 간 클로이는
반들반들한 목소리를 가진 조카
베이컨을 즐겨 먹었지

이모, 작은 새가 있어
행운은 만나는 것이라며 속삭여 주고
머리핀 상자를 만들어 주었지

벚꽃 잔치가 펼쳐진 날
부들부들 떨던 작은 새 영영 사라졌다
언덕 너머를 향해 홀로 날아간 새
오늘은 기일

어쩌면 행운은 우편으로 보내는 것인지도 몰라
잘 도착했는지 회신 부탁해
〈

아주 먼 곳의 클로이

너를 기억해

길모퉁이
설 자리 못 찾고
처연히 올라오는 새싹

보이지 않는 과녁을 향해
활시위를 당기는
눈먼 궁사

그녀의 시계추는 여린 초록의 눈깜박임

한해 다섯 번
새끼 고양이들의 죽음은 우연일까
정적을 지키는 어미에게
안도의 한숨을 선사한다

언덕에 기대어 가만히 불러보는
여전사의 이름
어느 시간 한 줄에 다녀간 흔적 있으려나

흘러가는 새

날개 다친 새
허공을 찌르는 비명소리

소나무 잎들 한곳에 쏠리고
담장 밖으로 걸린 귀
가만가만 기척을 좇는다

새야 소리를 안으로 삼켜야 해
천적의 눈길을 피하려면
소리를 가둬야 해

날지 못하는 새
새의 아픔이 도랑에 넘쳐
날아가는 것인지 흘러가는 것인지

흐른다는 것은 생의 힘을 조금 **빼는** 것

빗물을 털고 날개 펼쳐 훌훌 날아가렴

목련상여

열여섯 아라는
무균실에서 보내는 밤이 무섭습니다
창문으로 스며들어 온 봄
목련은 소녀에게로 향기만 보냅니다

소녀는 귀로 냄새를 맡습니다

사월입니다
소녀는 더 이상 침대에 앉을 수 없답니다
두꺼운 꽃잎은 떨어지지 않으려 애를 씁니다
봄은 와도 온 적이 없습니다

언니
언니~
목놓아 부르는 동생들

쓰러질 듯
두 손 모은 백목련 꽃상여 날아갑니다

꽃이 진 자리 파란 시간 피어납니다

치섬 신부의 일기장

사흘 밤낮
생각 없이 걷는 남자
길은
낮과 밤이 교차하는 동안 끝없이 이어졌다

허깨비인 듯 헐렁한 사제복 속의 깡마른 몸
이름 모를 마을 입구
나무 의자에 닿아 쓰러진다

깊은 잠에서 깨어나
돌아오는 길
부딪히는 의혹의 눈초리

넘어지려는 나무를 받치듯
창가에 놓인 노트
바람에 펄럭인다

꿈꾸는 교실

어둠 속에서 그림자들이 나타난다

유리문을 사이에 두고

전투력을 상실한 채 부끄러운 속내 다 내보여도
성에 차지 않는 목마름
뭍에서 만난 물고기처럼 웅덩이를 향해 몸부림친다

구름 위를 걷다 서다 앉다 깊은 심연 헤맨다

낯설기만 한 그들의 언어는 모스 부호
오직 자신에게만 타전할 수 있는데
사각거리는 모래를 품은 아픔이 공중을 날다 내려앉는다

벽에 혼신으로 꽃피운 사랑은 안과 밖이 구별되지 않는다
손만 뻗으면 만져지는 별세계 아무리 정신을 가다듬고 보아도
여전히 텅 빈 6학년 5반 교실

〈

언제부턴가 그림자마저 나를 벗어놓고 서성인다

끄덕거리는 머리부터 발가락까지 귀익은 노래만 흘러나온다

손을 떨어뜨려도 단침이 고인다

물구나무로 세상 읽기

바닥만 딛고 가야 하는 운명
한 번도 무거운 짐 내려놓은 적 없는
굳은 발바닥 대신
손이 걸어간다

모든 게 거꾸로 도는 세상인데
아래위 따위로
시비를 가릴 수 없는
구한말이 앞에 있다

공중에 뜬 발
스치는 비운에 피는 거꾸로 거꾸로
굳은살 박일 손바닥 걱정에
비단 장갑 고르는 위정자들 있다

어린 청개구리의 울음

고양이 앞의 청개구리
절체절명, 눈치싸움을 한다

배를 부풀리는 허세에도
폴짝폴짝 뛰어보는 도전에도
움직이지 않는 고양이는 거대한 산

눈물은 개굴개굴
목청 끝으로 떨어지고
뜀박질조차 무너져 내린다

가랑비 속 들릴 듯 말 듯
릴리 릴리 릴리리
풀피리 소리 같은 개구리울음
들어본 적 있는가

죽어야지 하면 반대로 사는 청개구리

기울어진 배추밭

578번지 밭 귀퉁이를 잡아당긴다
굽어진 등, 가녀린 몸
언쟁으로
내 밭 네 밭 뿌리까지 들린 가을배추에
폭삭 주저앉은 두 할머니

번지수 없는 곳까지
흐르다 달아난 물길이 남긴 흔적
깊게 팬 배추밭은
할머니들에게 이마주름 하나 더 보탠다

선을 긋지 않아도 좋았던 시절
한 뼘 땅을 찾으려고
등지고 살아온 세월
펴지지 않는 허리만큼
접힌 마음

쏟아진 8월 폭우에
무너져 내린 밭두렁

할머니들의 경계도 무너졌다

누가 더 놀랐을까

상춧잎에 개구리 한 마리
잎사귀 아래
상춧잎을 따는 손길
점점 가까이 와도
두 눈만 떼룩떼룩
숨죽여 앉아 있다

못 본 체하며
남은 상춧잎을 따지 않았다

씨감자

보성 형님이 발 달린 감자를 주셨다
감자는 걸어갈 준비를 하고 있었을까
부풀어 있는 흙 속으로 푹푹 빠져들고 싶었을까

눈길마다 벌써 여리디여린 발을 내리고 있었다
쪼개어진 하얀 속살에 재를 뒤집어쓰게 한 것은
상처가 덧나지 말라는 오랜 배려

아프지 않을 거라는 걱정 대신
나란히 눕혀진 연약한 다리는
 조금만 건드려도 부러질 것 같고 봄바람에 말라버릴 것 같아
 흙 속에 꽁꽁 감춘다

썩어 거름이 돼 줄 속살에 기대어
다리를 쭉 뻗고 있을 안식
유월이 오면 동글동글 웃으며 나오겠지?

제비꽃

세서 못 먹는 봄동 아래 노란 작은 꽃

제비꽃을 화단에 심을 때
은심할매는 펄쩍 뛰었다
사방에 널려 있는 거라고

꽃은 한 해를 지나
비밀스레
군자란 옆에 새끼 하나를 늘려 놓았다

3부

담장 넘는 고양이 울음 들릴 때

지상과 공중 어디쯤 깃들어

아파트 숲 사이 한 마리 새
콘크리트 벽에 머리를 박으며
뛰어내릴까
수십 번 망설임이 위태롭다

둥지를 옮긴 새는
바람이 없어도
풍경의 페이지를 넘긴다

오래 내려져 있던 커튼을 열며
그녀는
서쪽 하늘과 밀회 중

담장 넘는 고양이 울음 들릴 때
우울은 그녀를 타고 넘는다

사과를 심은 이유

사과, 억울하지만
이름을 빌려주기로 한다
동그랗고 빨갛고 탐스러워
베어 물기도 아까운데
온갖 난처한 일의 해결사
그래
이름 한번 빌려주자

이제나저제나 바다 건너
사과 한 상자 가득
배달되기를 원한다

독도, 사과가 없어
오천 그루 사과나무 심어

동해 너머
사과꽃 향기 날려 보낸다

서숙할매의 밭

꿈쩍 않고 누워 있는 밭뙈기를
허리 구부러진 할머니
곡괭이로 두들긴다

냉이 상추 마늘은 종달새 울음을 받아먹고 자란다
센바람은 싫어요
안지마을 밭에 스며든 햇살에
몸을 털며 봄을 키운다

겨우내 언 땅에 갇혀 있던 물들 땅속으로 풀리고
하룻밤 자고 나면 더 파릇해지고

할매 할매 종달새가 부르면
할매
밭이 털릴세라
90도 구부러진 허리, 한달음에
막대기로 새 울음을 쫓는다

가장 단단한 집

휘파람 휘파람새
어찌 창고 지붕 위에 집을 지었을까

틈을 막은 스티로폼 한 장
부리로 쪼아 눈발처럼 흩날린다
쓸고 또 쓸어도 흰 싸라기 쌓이고
지붕 위가 요란하다

스티로폼 쪼아 둥지 하나 더 만들고
부지런히 드나드는 어미 새
주둥이 벌리며 기다리는 새끼들

지붕과 둥지 사이 좁은 통로를 수없이 드나들며
날개 스쳐 지나갈 때마다 깃털이 빠진다

아버지의 노동으로 둥지가 생겼고
내 벌린 입으로 음식을 채워주셨다

둥이

광나무 울타리 아래 몸을 숨긴 길고양이
가까이 가면 달아나고
손을 내밀면 펀치를 날려 내 손등에 상처가 난다

태생은 야생이지만 순하디순해서 이름은 순둥이, 둥이
우리 동네 통장님 개가 오면 도망가기 바쁘다
사방은 둥이의 적
오늘도 움푹 팬 상처가 있다

마데카솔 파우더를 뿌려 생살이 차오르자
기적일까 경계를 풀고
내게 와서 몸을 부비며 가는 곳마다 졸졸 따라다닌다

한곳에 머물지 않지만 하루 세 번 찾아오는 나의 야생 반려

5년째 둥이를 부르며 기다린다

그러지 말아야 했다

베란다에 겨우내 두었던 춘란
봄바람이 반가워 열어둔 창문에
밤사이 삼십여 난을 모두 잃고 말았다

뜰에 두었다면 겨울을 이겨내었을 텐데
나의 욕심으로 실내에 갇혀 있던 난

촉을 곤두세우던 식물은
한 곳에 뿌리를 두고 싶은데
이리저리 자리를 옮겨 꽃을 피우지 못하게 한다

춘란을 잃고 마음을 잃고

이제 추위를 이겨내는 꽃들만 두기로 한다
원평소국, 버들마편초, 사계국화, 불로초…
겨울이 와도 찬바람에 눈을 된통 뒤집어쓰고
자연 속에서 그대로 자연이 된다

붉은 드럼통

오 일마다 서는 순천 아랫장
곰삭은 새우젓 다 비운 드럼통
젓갈 한 통 사고 얻어온 것
큰 덩치라 마당 한쪽에 둔다

새우의 여정을 벗고
이제 잡동사니를 품고 제 몸을 태우는 화덕
뜨거운 불길 속에서
마른 가지들,
바싹 타오르는 동안
외마디 비명 한번 없이
온갖 것 다 껴안고 견뎌온 세월이 불춤 춘다

붉은 껍데기 떨어져 나갈 때
미안하다 드럼통

한려해상

섬에 새가 있어요
하늘과 맞닿은 섬이지요
작은 새는 물에 빠진 자신을 봅니다
까만 눈이 물속에서 깊어집니다

숨죽이듯 고요한 물밑에선
갇힌 새들의 소용돌이가 일어나죠
이야기가 피어납니다

물거울로 구름이 흩어져
순간, 꼼짝없이
발걸음이 붙들렸지요

깊어진 눈길이 바람에 흔들려
새는 사라지고
햇살이 다리 되어 섬을 이어줍니다

날마다 꺼내 보는 내 안의 섬입니다

해피 죽도

죽도에서 솔잎 밟는 소리는
방금 갈아낸 더덕 주스 소리 같고
입안에 씹히는 더덕에는
단 한 명인 주민의 정성이 들어 있다

365계단 올라오면
섬은 솔잎으로 깔려 있고
솔잎 밟는 소리는
천상과의 경계를 허문다

바다를 입은 둘레길에 우리는 둥둥 떠 있고

더덕 주스를 건네던 총각이 결혼하면
죽도는 한 명에서 두 명, 세 명으로 불어난다고

천상 죽도
죽도는 죽도록 해피!

베티 수녀님

한 이틀 내린 봄비에
개나리가 병아리 주둥이처럼 나옵니다

앙상한 몸대가 젖줄기 문 듯
볼록하게 힘찹니다

눈이 큰 필리핀 수녀님
병아리 같은 초등 아이들에게
노랑 노랑 개나리를 피우고

고국에 갈 때 노랑을 품고 가고 싶다던
개나리꽃을 유독 좋아하던 수녀님

안녕하시지요
봄마다 율전동 성당 주변에는 샛노란 개나리 천국입니다

엄마 보러 가는 날

바람 센 겨울 새벽 순천역에서
수원행 열차를 탄다

차창 밖 어슴푸레 섬진강
저 멀리 산기슭 마을에서 풀리는
모락모락 연기

소한 지나
손끝이 매서운 아침

행여 표정도 얼세라
두 손 비며 얼굴에 댄다

구순 넘은 어머니
정신 잃지 않도록

고요로 고열을 내리는 밤

고열 속에
깊은숨 몰아쉬고

정적만이
생명을 붙들고 있는 모니터를 주시한다
후--
가쁜 숨소리 대신
부글부글
플라스틱병
땀방울이 솟는 듯
거품을 내며 돌아가는
증류수

삶과 죽음을 가늠할 수 없다
입술을 포개어 대신 숨을 쉴까
고개를 들어
아쿠아가 뿜는 물방울과
사라지는 거품을 본다
미동도 없이 가슴을 할딱거리는
작아진 어머니를 오래 바라본다

개미는 개미의 걸음으로 나는 내 방향으로

동그란 텃밭이 날아다닌다
돌고 돌아 제자리
채소도 쓰러지지 않으려
제자리걸음

땀방울이 흙을 적셔도
먹이를 옮기는 개미들
눈길 한번 주지 않는다

하염없이 돌을 굴리는 시시포스
종일 화분을 옮기는 나

4부

작약이 꽃을 피우면 세상은 붉어 아름다운데

어머니가 꿈에서 깨지 않으면 좋겠어요

밤마다 꿈을 꾸신단다
어머니의 어머니
어머니의 아버지

낮이 되면
꿈속의 인물은 소설의 주인공이 된다
이야기를 지어내는 어머니의 중얼거림은 계속된다

앞마당 바람에 흔들리는 빨랫줄처럼
눈감은 채 흔들리는 머리

밤에는 손짓하며 어서 가자
어머니의 어머니
어머니의 아버지

아침이면 다시 낯선 환경, 낯선 얼굴들

어머니는 면회 온 딸을 보고
아버지는 언제 오시나

스르르

유언이라도 남기듯 집을 정리하고
아들딸에게 무엇을 줄까
고민하며 보낸 하루

뜨끈한 목욕탕에 몸을 담그고
영원으로 가는 듯
잠이 들었다

여든하나
할아버지는 시들지 않는
만개한 꽃

껌벅껌벅 두꺼운 쌍까풀에
지긋한 눈빛
세상 이치는 말로만 하는 것이 아니다

묵묵히 땅을 일구어
소담하고 싱그러운
채소를 가꿔 나누는 손
골목을 쓸며

누가 버렸는지도 모를 것들을 치워
동네를 말끔히 세수시키던

수시로 자전거를 타고
소싯적 옛 추억 속으로 데려다주던 할아버지
눈 감으셨다

눈길은 언제나 한 자리에 머물고
갈 수 없는 그곳으로 옮겨 주는 기억
오늘 나는 영원으로 가는
스르르란 말을 알게 되었다

기억하지 못하는 거울

저게 누구지
감은 머리카락에서 물방울이 떨어지고
낯선 사람이 얼비친다

거울 속의 자신을 보며 목소리가 커진다

내가 아무리 늙었어도
외간 남자와 한 방에 못 있지
힘없는 손으로 그리는 빨간 입술

쩌렁쩌렁한 목소리
집안 대소사 휘젓고 다니던
젊은 시절 있었나
제 발로 미용실도 못 가는 서러움
자원봉사자 사정없는 가위질 야속하여
손거울 서랍 속에 감춘다

오락가락 할머니 귀에 대고
거울 속 반짝이는 천사들의 속삭임
"폭삭 속았수다"

일곱 살에 갇힌 순자씨

 오메, 눈이 많이 내렸네요 간병사는 침대 위의 기저귀 보푸라기를 걷어내며 웃는다 '이모야 시원한 것 좀 줘' 어리광을 피우는 할머니의 손에 들려진 베지밀, 눈싸라기 던지지 말아요~ '다음에는 안 그럴게~'

 일본에서 태어나 일곱 살에 아버지와 함께 충청도 고향으로 돌아왔지만 집이 없어졌다고 한다 다시 고향을 떠나 서울에서 살았다고 어찌하여 걷지 못하는지 대답은 항상 '몰라'

 침대에서 하는 유일한 재미, 기저귀 안의 솜을 뜯어 날리는 습관이 생겼다 간병사와 숨바꼭질하듯 보푸라기는 늘 사람의 눈을 피해 날리고

 할머니가 부르는 호칭에 우리는 모두 이모라는 같은 이름이 생겼다 '이모야 일본 갈 때 꼭 나 데리고 가야 해' 손가락 걸며 다짐하는 순자 씨, 창으로 날리는 보푸라기 반복되는 실랑이는 할머니의 하루 일과이다

흙으로 가는 길
- 시립화장터에서

너는 흙이니 흙으로 돌아갈 것이니라(창3:19)

영원할 것 같은
고통 속에서

깊은숨 후- 한번 몰아쉬고
찾아든 정적

어머니의 운구 앞에
예를 다하는 장례지도사의 고개 숙인 모습을 뒤로 하고
셔터가 닫힌다

오랜 침묵의 시간
그리고

…

하늘로 올라가는
하얀 연기
〈

눈물도 마른 채
남은 자들은 말없이 생의 떡을 나눈다

한가위 혼밥

도심을 빠져나간 자동차 물결

달빛처럼 넘쳐난 음식을 두고
식당에서 밥을 먹는다

고향의 가을 대신
봉투 하나 가볍게 보내고

아직 남은 명절 뒤끝을 따라
마량항 데크를 걷는다

오십 분 늦게 뜬 보름달
물속으로 빠져들고

빈 마음
거기에 뜬 빈 달

목화꽃 꽃말을 안으면

사무실 벽에 걸려 있는 목화꽃 다발
구름이 떠 있는 것 같다
목화는 어릴 적 추억을 부른다

방학이 되면 나와 여동생은
외가에 보내졌다
그때 그 시절 생글생글 통통한 과육
목화가 피어나기 전
외할머니 밭에서 따먹은 달콤함

방학이 끝날 즈음 목화는 벌어져 솜꽃이 되고
할머니는 솜을 타서 끊임없이 실을 감았다
시집오기 전 어머니는 베틀 앞에 앉아 무명천을 짰다
고 한다

배고픈 어린 딸들 할머니네로 보낼 때
어머니의 가슴에 핀 목화꽃을 보았다

목화 꽃말 따라
나에게도
어머니의 사랑 이어진다

상사호

오랜 가뭄에 바닥을 드러낸 저수지
물속에 잠겨 있던 추억이 드러난다

감꽃 떨어지는 계절
단풍나무 가지 사이로 넘나들던 바람이
신우대 검은 마디마다 부딪치며 맴돌던 마을

친구 시집가는 날
동네 이장인 아버지는 뒤척이는 밤을 보냈다고 한다

주민들의 도장을 받고
수몰 지역이 된 도월마을

사모관대 족두리 쓰고 맞절하던 친구는 어린 신부

상사호 가는 길

순천 시민의 젖줄이 된 상사호는
긴 가뭄에 물이 말라 바닥 드러낸 채
〈

첫사랑을 앓는 상사병처럼
마름을 앓고 있다

사순절에 부치는 편지

심장병을 앓는 그녀가 운다

화초 가꾸기를 좋아했고
커피를 좋아했던 그녀는
기부자들의 후원 물품으로 아름다운 가게를 운영했다
수입은 독거노인들에게 반찬을 만들어 전달되고

살포시 내미는 고사리손 같은 새싹도 예쁘고
따가운 봄 햇살 못 이겨
작약이 꽃을 피우면 세상은 붉어 아름다운데
멈추지 않는 서러움

사순절
고난의 기간 끝나고
몸과 마음 정결하게 부활절을 맞는다
괴롭혔던 고통을 두고 그녀가 간다

예수의 부활처럼 온전한 모습으로 환히 다가올
그녀를 기다린다

신풍 바닷가

 아버지는 설날, 아이 넷에게 새 옷을 입혔다 터미널 근처 옷가게 총각은 빚 받으러 와서 우리가 사는 집 마당에 서 있다 벙어리인 양 그냥 가곤 하였다 생활이 어려워도 아버지는 여름이면 우리를 피서지로 데려갔다

 뜨거운 모래에 오그라드는 발바닥으로 밟기도 어려운데, 아버지는 우리에게 모래로 아버지의 몸을 덮게 하고 얼굴만 모자로 가리셨다 우리는 얕은 물가에서 물질하기에 바쁘고, 아버지의 모래찜질이 끝나고 썰물이 시작되면 바닷가 길로 작은 섬을 다녀오기도 하였다

 밀물에 실려 간 작은 섬이 신기루 같은 오후, 집에 가기 싫어하는 아이들에게 떠도는 소문, 아이들을 잡아 파는 장사꾼이 있다고

 지금은 바다를 메꿔 율촌 공단이 되어버린 해안 없는 신풍 마을에서 희미해진 아버지의 부성을 느낀다

블롭피시

수천 미터란 얼마만큼의 깊이일까
압력을 견디며 울퉁불퉁해진 몸의 블롭피시
깊은 바닷속 핫핫- 은빛 위장술이 눈부시다

가장 못생겼다는 타이틀의 역설
둥글납작한 생김새가
말랑말랑한 인형으로 변신하면
아이들이 손에서 놓지 않는다

먹이를 먹지 않아도 버틸 수 있는 것이 신기해
엄마의 모습이 보여
늘
나는 괜찮다
하셨어

뭉툭한 코에 단추 같은 눈
기괴한 턱을 움직여도 좋아
온통 어두워도 정말 좋아

어쩌다 뭍으로 오른 너를 보았어

피부가 부풀어 올라 더 형편없는 모습에
너를 엄마! 라고 외칠 뻔했어
살만하게 되었는데
돌아가셨거든

버드나무 옆의 프래 씨

아침 햇살에 눈뜨는 버드나무
늘어진 가지에 바람이 불어
촘촘히 올라오는 잎들 애벌레 기어가는 듯하다

콘크리트길과 밭두렁 사이
불편한 길을 터주려고
한쪽으로만 뻗는 가지, 그 옆에
태국인 프래 씨 부부의 컨테이너 숙소가 있다

여름을 이겨내기 어려울 거야
(버드나무 걱정인지 컨테이너 숙소 걱정인지)
나는 괜한 걱정을 한다

버드나무야 동천 물자리 옆으로 가야 해
잉어들이 버드나무 뿌리 쪽으로 몰려들고
언덕 위에서 벚꽃이 흩날리는

자주 나무를 옮기는 꿈을 꾼다
프래 씨 부부가 네 살, 두 살 아이를 맡기고 온
고국으로 돌아가는 꿈도 꾼다

어깨가방 메고 공항으로 훌쩍 떠나는

꿈과 다른 현실은
오토바이 타고 미나리밭으로 출근하는 프래 씨 부부

프래 씨 부부 올여름엔 부디 시원한 집으로,

마한 유적

선조의 뼈 위에 후대의 뼈가 묻힌다
체험관에서 재생된 유골의 아파트
층을 달리하여 위아래 놓인 굴속의
수백 년 시간을 들여다본다

흙으로 빚은 토기 두 점, 그 속에 안치된
몸은 사라지고 뼈들만 남은 마한의 독널무덤
입구의 새가 아직 길을 안내하는 듯하다

움켜쥘 손도 없는데 같이 묻힌
옹기 옆의 금관, 금 구두는 누구의 것일까

가진 것 놓지 못하는 나를 본다
내가 아끼던 물건과 함께 돌아가야 할 때
나와 내 위에 얹힐 내 후손의 이야기를 전해 줄
이천 년 전의 마한 유적

안풍동 통나무집

숨 쉬는 집입니다

지붕 위에는 새들이 삽니다

편백나무 거실에는 피톤치드가 흐르고

천장으로 드는 바람과

바닥까지 깊숙이 들어온 햇살로 숨을 쉽니다

무명옷을 즐겨 입던 어머니는 작은 나무관에 안치되셨고

자연에 해를 주지 않는 집

끝내 우리들을 자연으로 분해하는 집입니다

해설

상처 입은 존재들을 위한 치유의 시학

황정산(시인, 문학평론가)

1. 들어가며

조금 통속적이긴 하지만 도종환 시인은 "흔들리지 않고 피는 꽃이 어디 있으랴"라고 노래한 적이 있다. 마찬가지로 상처 입지 않은 영혼은 없다. 상처 입고 흔들리지만 어쩌면 그래서 우리 모두는 아름다운 존재이기도 하다. 문정서의 이번 시집 『야생의 여름을 주세요』는 상처 입은 존재들, 버려지거나 잊힌 것들 그리고 소외된 생명체들을 향한 따듯하고도 애틋한 시선으로 가득하다. 그의 시는 단순히 슬픔을 전시하거나 고통을 소비하는 방식에 머물지 않는다. 오히려 그 고통의 본질을 직시하면서 그 속에서 작은 평화와 화해의 가능성을 끈질기게 탐구한다. 이 시집에서 시인은 작은 생명체, 우리가 무심히 스쳐 지나는 사물, 사회적 관계 속에서 쉽게 눈에 띄지 않는 사람들을 시적 주인공으로 내세워 그들의 내면과 상처를 연민과 사랑의 언어로 보듬고 어루만진다.

이 시집을 읽은 독자는 시집 전체에 걸쳐 시인이 보여준 사회의식, 윤리적 긴장감 그리고 이타적 자세를 확인할 수 있다. 문정서의 시는 외면당하는 존재들, 혹은 이름조차 붙여지지 못한 존재들에 주목하며 그들의 존엄성을 되살리고자 한다. 그의 시 세계는 궁극적으로 사회적 약자들을 향한 공감과 연대의 손길이며, 부조리한 현실을 넘어 평화와 치유의 길로 나아가려는 시적 저항이다.

2. 작고 약한 것을 바라보는 따듯한 시선

문정서의 시적 화자는 끊임없이 작은 것들을 향해 몸을 기울인다. 그는 사회적 중심에서 벗어나 구석진 자리에서 조용히 존재의 가치를 증언하는 것들에 눈길을 준다.「블롭피시」는 그러한 시적 태도의 전형을 보여준다.

> 수천 미터란 얼마만큼의 깊이일까
>
> 압력을 견디며 울퉁불퉁해진 몸의 블롭피시
>
> 깊은 바닷속 핫핫- 은빛 위장술이 눈부시다
>
> 〈

가장 못생겼다는 타이틀의 역설

둥글납작한 생김새가

말랑말랑한 인형으로 변신하면

아이들이 손에서 놓지 않는다

먹이를 먹지 않아도 버틸 수 있는 것이 신기해

엄마의 모습이 보여

늘

나는 괜찮다

하셨어

뭉툭한 코에 단추 같은 눈

기괴한 턱을 움직여도 좋아

온통 어두워도 정말 좋아

어쩌다 뭍으로 오른 너를 보았어

피부가 부풀어 올라 더 형편없는 모습에

너를 엄마! 라고 외칠 뻔했어

살만하게 되었는데

돌아가셨거든

- 「블롭피시」 전문

"블롭피시"는 뉴질랜드에서 '올해의 동물'로 선정된 심해어이다. 가장 못생긴 물고기로 유명하다. 시인은 깊은 바다의 압력을 이기며 살아가는 블롭피시의 기괴한 형상에서 사회적 약자나 소외된 존재들의 삶의 모습을 겹쳐 읽는다.

시의 첫 연은 심해라는 공간의 극한성과 그 안에서 살아남은 블롭피시의 비정형적 존재를 묘사하며 시작된다. 여기서 "수천 미터"의 깊이는 단순한 물리적 공간을 넘어선다. 그것은 삶의 무게, 세상이 가하는 무언의 압력 그리고 소외된 곳에서 견뎌온 이들의 고통을 의미한다. 블롭피시의 "울퉁불퉁해진 몸"과 "은빛 위장술"은 그 고통과 외부 세계의 폭력성에 대한 적응의 결과이자, 생존을 위한 슬픈 위장이라는 것이다.

이어 시는 블롭피시가 세상에서 '가장 못생긴 생물'이라는 타이틀을 지녔다는 점을 언급하며 그 역설을 부각시킨다. "가장 못생겼다는 타이틀의 역설"이라는 구절에서 블롭피시의 추함은 사회적 규정이자 타인의 시선 속에서 만들어진 '못남'이다. 그러나 이 못생김은 아이들의 손에서, 그들의 애착과 순수한 시선 속에서 따뜻하고 부드러운 대상으로 변모한다. 못생긴 외형조차 사랑받을 수 있음을 통해, 시인은 인간 존재의 본질은 외형이나 타인의 평가가 아닌 존재 그 자체의 빛남에 있음을 말하고 있다.

 이 지점에서 시인은 블롭피시와 어머니의 형상을 겹쳐 보여준다. 블롭피시가 극한 환경에서도 최소한의 에너지로 생존하듯, 시인의 어머니 또한 자신의 편함이나 욕망을 억누르고 가족을 위해 헌신해 온 존재였다. 심해에서의 모습조차 사랑스럽게 느껴지던 블롭피시, 그 형상에 시인은 순간적으로 어머니를 떠올리며, 살아 있을 때 다하지 못한 사랑과 이해, 돌봄의 마음을 떠올린다. 기괴한 형상으로 심해의 압력을 견디고 있는 블롭피시의 인고하는 모습은 "*나는 괜찮다/하셨어*"라는 모성이 감내하는 침묵의 고통과 닮았다.

 다음의 「붉은 드럼통」이라는 시 역시 소외된 것과 그들의 고통에 대한 관심을 보여준다.

  오 일마다 서는 순천 아랫장
  곰삭은 새우젓 다 비운 드럼통
  젓갈 한 통 사고 얻어온 것
  큰 덩치라 마당 한쪽에 둔다

  새우의 여정을 벗고
  이제 잡동사니를 품고 제 몸을 태우는 화덕
  뜨거운 불길 속에서

마른 가지들,

바싹 타오르는 동안

외마디 비명 한번 없이

온갖 것 다 껴안고 견뎌온 세월이 불춤 춘다

붉은 껍데기 떨어져 나갈 때

미안하다 드럼통

-「붉은 드럼통」 전문

 한때는 쓰임새가 있었지만 이제는 마당 한쪽에 버려져 불길 속에서 자신을 태우는 낡은 드럼통을 시인은 노래한다. 시의 앞부분에서 시인은 빈 드럼통의 처지를 생각한다. 젓갈을 담아 한 시대를 살았던 드럼통은 이제 쓸모가 다해 "큰 덩치라 마당 한쪽에 둔다"는 말처럼 구석으로 밀려난 천덕꾸러기 신세다. 사회적 쓸모가 없어 버려지고 마는 이 땅의 많은 노동자들의 소외와 허무가 느껴진다. 그러나 드럼통은 완전히 버려지지 않는다. "새우의 여정을 벗고/이제 잡동사니를 품고 제 몸을 태우는 화덕"이라는 구절에서 보듯, 드럼통은 다시금 '화덕'이라는 새로운 역할을 부여받는다. 드럼통은 자신을 태움으로써 마지막 쓰임을 완수한다. 이는 곧 자신을 희생하여 타인과 세상에 도움을 주는 존재의 숭고함을 보여준다.

특히 "뜨거운 불길 속에서/마른 가지들,/바싹 타오르는 동안/외마디 비명 한번 없이"라는 구절은 드럼통의 묵묵한 인내와 헌신을 부각한다. 불길 속에서 제 몸을 태우며 마지막 역할을 수행하는 드럼통은, 세상의 고통과 짐을 묵묵히 견뎌온 이들의 삶과도 겹친다. 온갖 것 다 껴안고 견뎌온 세월이 불춤 춘다//붉은 껍데기 떨어져 나갈 때/미안하다 드럼통"이라는 구절에서 볼 수 있듯 드럼통은 우리 사회 노동자들이 겪고 있는 고단한 삶의 메타포다. 시인은 드럼통의 마지막 순간에조차 "미안하다"고 말하며, 그 껍데기마저 헛되이 타버리지 않도록 애틋한 시선을 보낸다.

다음의 「목련상여」라는 시에서 죽어가는 "열여섯 아라"의 이야기는 시인의 약자에 대한 연민의 정수를 보여준다.

열여섯 아라는
무균실에서 보내는 밤이 무섭습니다
창문으로 스며들어 온 봄
목련은 소녀에게로 향기만 보냅니다

소녀는 귀로 냄새를 맡습니다

〈

사월입니다

소녀는 더 이상 침대에 앉을 수 없답니다

두꺼운 꽃잎은 떨어지지 않으려 애를 씁니다

봄은 와도 온 적이 없습니다

언니

언니~

목놓아 부르는 동생들

쓰러질 듯

두 손 모은 백목련 꽃상여 날아갑니다

꽃이 진 자리 파란 시간 피어납니다

- 「목련상여」 전문

 이 시 「목련상여」는 병마에 시달리며 죽음을 맞이하는 어린 존재에 대한 깊은 동정의 정서와 진혼의 마음을 담고 있다. 시인은 병약한 소녀의 삶의 마지막 시간을 무균실이라는 공간과 목련이라는 상징을 통해 서정적으로 형상화한다. 첫 연에서 "무균실에서 보내는 밤이 무섭습니다"라는 구절은 소녀의 나약하고 고립된 처지를 드러낸다. 무균실은 외부 세계로부터 차단된 공간으로, 소녀의 생명이 점점 꺼져가는 현실을 암시한다. 그 속에서 맞이하는 밤은 더욱 두렵고 외롭다. 봄이 찾아오고, 목련이 피어나지만 소녀는 그것을 직접 느낄 수 없다. "목련은 소녀에게로 향기만 보냅니다"라는 구절에서는 봄의 생명력과 소녀의 쇠약한 생명이 극명하게 대비된다. 시인은 소녀가 "귀로 냄새를 맡"는다고 표현함으로써, 소녀가 이미 신체적 감각을 제대로 누리지 못하고 있음을 암시한다. 꽃의 향기조차 소녀에게는 먼 기억처럼, 감각의 파편처럼 스며들 뿐이다.

이어지는 "사월입니다/소녀는 더 이상 침대에 앉을 수 없답니다"라는 구절에서는 시간이 흐를수록 소녀의 생명이 더욱 위태로워지고 있음을 느낄 수 있다. 사월의 봄은 생명의 환희를 상징하지만, 이 시의 봄은 오히려 소녀의 죽음을 배경으로 더욱 슬프게 다가온다. "두꺼운 꽃잎은 떨어지지 않으려 애를 씁니다"라는 말은 마치 목련의 꽃잎이 소녀의 생명을 붙들어 주려는 듯한 애틋함을 담고 있다. 그러나 시인은 단호하게 "봄은 와도 온 적이 없습니다"라고 말하여 소녀에게 봄의 의미는 이미 상실되었음을 단언한다. 봄이라는 시간조차 소녀에게는 더 이상 생의 기쁨이 아니라, 떠나가는 시간의 허무함일 뿐이다.

마지막 부분에서 "쓰러질 듯/두 손 모은 백목련 꽃상여 날아갑니다"라는 구절은 마치 소녀의 영혼을 하얀 목련 꽃상여가 싣고 가는 듯한 진혼의 이미지를 형상화한다. 하얀 목련은 순수하고 순결한 소녀의 영혼을 상징하며, 꽃상여는 그 영혼을 고이 보내는 마지막 길의 상징물로서 슬픔과 경건함을 동시에 전해준다. "꽃이 진 자리 파란 시간 피어납니다"라고 하는 시인의 말은 소녀의 죽음 이후 남겨진 시간과 공간을 떠올리며 하는 시인의 조용한 기도와 같은 진혼의 언어이다. 이렇듯 죽음은 끝이 아니라, 남겨진 자들에게 새로운 기억과 추모의 시간을 열어주는 것이며, 그 시간은 파랗게 빛나는 추모의 시간임을 시인은 생생한 이미지로 보여주고 있다.

이처럼 「목련상여」는 죽어가는 연약한 존재에 대한 깊은 연민과, 그 존재를 고이 떠나보내는 성스러운 마음을 목련과 봄, 상여의 이미지로 절묘하게 형상화한 작품이다. 시인은 슬픔을 과장하거나 절규하지 않으면서도, 한 생명의 덧없음과 그 생명을 기리는 마음을 절제된 언어로 담아내며, 독자에게도 조용한 애도와 성찰을 이끌어낸다.

문정서 시인은 이처럼 약하고 작으며 외면당하거나 죽어가는 것들을 가만히 응시하고, 그들의 고통을 자신의 아픔으로 느끼며 자신의 언어로 표현하여 모든 존재들이 가진 존엄과 생명의 의미를 다시 환기해 주고 있다.

3. 상처의 치유와 평화에의 염원

문정서의 시는 상처 입은 존재들을 바라보는 데서 멈추지 않는다. 그 상처의 자리에 새로운 생명과 평화의 싹을 틔우려는 치유적 열망으로 나아간다. 이 시집에서 평화는 단지 전쟁이 없는 그런 상태가 아니라, 상처 입은 이들의 고통을 덜고 그들의 존엄을 회복시키는 적극적 행위다. 대표적으로 「포연의 뿌리」는 전쟁의 잿더미 위에서도 평화를 피워 올리려는 시인의 간절한 마음을 담고 있다.

    붉은 튤립이 허공에 꽃을 피우는 꿈을 꾼다
    뿌리 없는 뿌리를 생각한다

    뿌리는 포연 속에서 내리고

    바닥을 모르고 상승하다 추락하는
    꽃의 꿈
    〈

허공에 심어진 붉은 튤립은 자유로운 뿌리

　　　경계를 지우는 우리의 밑동

　　　포연 가득한 지구에

　　　한 사람 튤립 두 사람 튤립을 피우면

　　　평화가 올까

　　　　　　　　　　　　　- 「포연의 뿌리」 전문

　이 시는 전쟁과 폭력의 상징인 포연 속에서 꽃피우는 붉은 튤립의 형상을 통해, 인간이 꿈꾸는 평화의 가능성과 그 간절한 염원을 은유적으로 그려낸 작품이다. 시인은 '붉은 튤립'이라는 꽃의 이미지를 통해 피와 희생의 상흔을 연상시키면서도, 그 붉음 속에서 다시 피어오르는 생명과 평화의 소망을 노래한다.

　시의 첫 구절 "붉은 튤립이 허공에 꽃을 피우는 꿈을 꾼다"는 전쟁의 황폐한 현실에서 허공이라는 아무것도 기대기 어려운 공간에조차 꽃을 피우고자 하는 평화의 꿈을 상징한다. 허공은 기반이 없는 불안정한 공간이자, 인간의 평화에 대한 갈망이 현실화되기 어려운 조건을 나타내지만, 그럼에도 불구하고 그 위에 피어난 붉은 튤립은 포기될 수 없는 평화에의 염원을 상기시킨다. 특히 "뿌리 없는 뿌리"라는 역설적 표현은 폭력과 전쟁이 모든 기반을 무너뜨린 세계에서조차 사람들이 평화의 뿌리를 내리려는 고투를 상징한다. 뿌리가 없어도 뿌리를 내리려는 이 모순적 의지는 인간의 평화를 향한 간절함과 그 희망이 얼마나 허약하고 위태로운 것인지를 함께 보여준다.

그럼에도 시인은 "허공에 심어진 붉은 튤립은 자유로운 뿌리/경계를 지우는 우리의 밑동"이라고 노래하여 국가나 민족, 이념의 경계에 얽매이지 않는 새로운 평화의 가능성을 암시한다. 이는 전쟁과 폭력이 경계 짓기에서 비롯된다는 인식을 반영하며, 경계를 지우는 것이 곧 평화의 시작이라는 메시지를 우리에게 전하고 있다. 마지막 연 "포연 가득한 지구에/한 사람 튤립 두 사람 튤립을 피우면/평화가 올까"는 시의 주제를 집약해서 보여주는 구절이다. 포연으로 가득한 지구, 즉 전쟁과 폭력으로 얼룩진 세계 속에서 개인들의 작은 평화의 실천이 모인다면 평화가 가능하지 않겠느냐고 시인은 묻고 있다. 이 물음은 독자에게 평화의 실현은 거대한 이념이나 제도가 아닌, 개개인의 작은 의지와 실천에서 비롯될 수 있음을 환기하며, 그 가능성에 대한 희망을 열어 준다.

다음 시에서는 좀 더 강력하게 평화를 원하고 있다.

축제가 있고 음악이 있고 춤이 있고 소녀가 있고

〈

가자지구에는 전쟁이 있다

트럭에 실려가는 소녀에게

음악도 없고 춤도 없다

평화는 어머니가 딸을 품는 시간

돌아오기를 기도하던 어머니

소녀야 너는 평화를 울부짖는 새

지구 반대편 봄날 기왓장 위에 앉은 새

피스피스피스 소녀의 울음 같은

- 「피스」 전문

이 시 「피스」는 전쟁의 참혹한 현실과 그에 맞선 평화의 염원을 대비적으로 보여주며, 평화란 무엇인가를 독자에게 깊이 성찰하게 만드는 작품이다. 시는 첫 구절에서 "축제가 있고 음악이 있고 춤이 있고 소녀가 있고"라며 평화로운 삶의 풍경을 그린다. 축제, 음악, 춤 그리고 소녀라는 단어들은 생명력과 기쁨, 자유의 상징이다. 그러나 곧바로 "가자지구에는 전쟁이 있다"는 구절로 전환되어, 독자들은 이러한 기쁨과 생명력이 철저히 부정당하는 현실을 마주하게 된다. 이 짧은 전환 속에서 시인은 평화로운 세계와 전쟁의 참상을 극명히 대비시킨다. 시에 등장하는 소녀는 트럭에 실려가는 비참한 존재이며 그에게는 "음악도 없고 춤도 없다". 이는 단순히 문화 향유 기회의 상실을 넘어, 인간으로서 누려야 할 최소한의 존엄과 자유마저 박탈당한 상태를 의미한다. 전쟁은 소녀에게서 삶의 축제와 기쁨을 빼앗고, 오로지 고통과 두려움만을 남기고 만다는 것이다.

그럼에도 시인은 이 절망의 한가운데서 평화의 가능성을 모색한다. "평화는 어머니가 딸을 품는 시간"이라는 구절은 가장 근원적인 사랑의 형상을 통해 평화의 본질을 드러낸다. 평화는 거창한 구호나 제도 이전에, 한 생명이 또 다른 생명을 지키고 품는 순간에 깃드는 것임을 시인은 강조한다. 그리하여 "돌아오기를 기도하던 어머니"의 모습은 전쟁의 폭력성을 넘어서려는 간절한 마음이자 평화의 씨앗이 된다. 그 기도는 마침내 소녀를 "평화를 울부짖는 새"의 모습으로 변하게 한다. 이 새는 단지 가자지구의 전쟁터에 머물지 않고, 이곳까지 날아와 "지구 반대편 봄날 기왓장 위에 앉은 새"로까지 확장된다. 이는 전쟁의 아픔과 평화의 열망이 한 지역에 국한된 것이 아니라, 지구 어디에도 공유되어야 하는 인류 보편의 문제임을 말하고 있다. "피스피스피스 소녀의 울음 같은"이라는 절묘한 음차를 이용해 만든 마지막 구절은 울음이야말로 가장 절박하고 진실한 평화의 언어임을 보여준다. 소녀의 울음은 단순한 슬픔이 아니라, 무언의 저항이자, 전쟁을 끝내고 평화를 부르는 외침인 것이다.

이런 평화에의 염원은 다음 시 「선물」에서는 일상 속 작은 기적에 대한 감사로 이어진다.

> 한 줄기 바람이
> 불길 여는 것 보았나요
>
> 봄비에 무거워진 어린 꽃잎
> 햇살 보며 쉬는
> 안도의 숨 들었나요
>
> 누군가의 손길로 채워진 물그릇
> 오래 굶은 고양이
> 헐떡헐떡 몸이 살아나는 것 보았나요
>
> 바람 햇살 한 움큼의 물…

모두 선물입니다

- 「선물」 전문

  이 시는 일상 속에서 마주치는 자연의 작은 기적들을 통해 평화와 화해의 감성을 섬세하게 그려낸다. 시인은 한 줄기 바람이 불길을 열어주는 장면, 봄비에 젖어 무겁던 어린 꽃잎이 햇살을 받으며 쉬는 순간 그리고 굶주렸던 고양이가 물그릇 속 한 움큼의 물로 생명을 되찾는 모습을 통해 세상의 따뜻한 숨결을 포착하고 있다. 이러한 이미지들은 모두 서로를 살리고, 위로하며, 다시 살아가게 하는 화해의 손길이자 평화의 징표이기도 하다. 여기서 바람과 햇살 그리고 물은 단순한 자연물이 아니다. 그것들은 세상이 우리에게 건네는 선물이며, 궁극적으로 생명과 생명을 연결하고, 갈라졌던 것들을 다시 이어주는 힘이다. "누군가의 손길"이 물그릇을 채우듯, 이 세상은 보이지 않는 손길들로 서로를 돕고 살리는 평화로운 연대의 장임을 시인은 우리에게 넌지시 알려주고 있다.

  또한, 이 시는 눈에 보이지 않는 평화의 기운이 우리 주변에 늘 깃들어 있음을 일깨운다. "어린 꽃잎"이나 "굶은 고양이" 같은 작은 존재들은 바로 우리 자신이자, 상처 입고 지친 이웃이며, 그들에게 건네는 따스한 배려는 곧 화해와 평화의 시작임을 시인은 나직한 음성으로 우리에게 속삭인다. 결국, 마지막 행의 "모두 선물입니다"라는 선언은, 우리에게 주어진 모든 순간과 관계, 자연의 숨결이 다 다정한 선물이라는 깨달음을 전하여 평화와 화해의 감성을 더욱 깊게 심어준다. 이 시는 이렇게 세상이 내민 손을 잡고, 상처 난 마음과 삶을 조금씩 어루만지는 마음의 평화를 보여주며 그것을 선물처럼 받아들이도록 권유한다.

4. 맺음말

이 시집 『야생의 여름을 주세요』는 상처 입은 세계와 그 속에서 살아가는 존재들을 위한 치유의 언어다. 문정서 시인은 이 시집을 통해 사회의 가장자리에 있는 이들, 외면당한 이들, 그리고 보이지 않는 고통 속에 갇힌 이들을 한 편 한 편의 시로 불러내며 그들의 상처를 어루만진다. 시집 곳곳에서 발견되는 사회의식과 이타적 태도는 문정서 시의 윤리적 깊이를 형성하고 있다. 그는 부조리한 세상, 뒤집힌 질서 속에서 고통받는 타자를 외면하지 않고, 「물구나무로 세상 읽기」에서처럼 거꾸로 뒤집힌 현실을 똑바로 바라보려 애쓴다.

또한, 문정서 시인의 시는 약자와 소외된 존재에 대한 단순한 연민이나 동정에서 멈추지 않는다. 그의 시는 상처의 자리에 평화의 씨앗을 심고, 이 땅의 "야생의 여름"을 간절히 기원한다. 이 시집의 표제시이기도 한 다음 시의 "으아리"는 이런 평화의 염원에 대한 아름다운 표상이다.

    야생의 여름을 주세요

    얽히고 매달려 애원하기 전에요

    두 번 세 번 돌아보는

    척박한 공중 세상에서

    당신이 불어오길

    기다려요

                             - 「으아리」 전문

이 시집의 시들은 길을 걷다 만난 야생의 으아리꽃처럼 독자들의 시선을 붙잡는다. 그리하여 독자들에게 시인이 염원하는 같은 길을 걷자고, 상처 입은 세상을 함께 치유하자고 손을 내민다. 상처 입은 존재들을 위한 치유의 시학, 그것이 바로 『야생의 여름을 주세요』가 독자에게 남기는 진정한 울림이다.

상상인 시인선 076

야생의 여름을 주세요

지은이 문정서
초판인쇄 2025년 7월 10일 **초판발행** 2025년 7월 15일
펴낸곳 도서출판 상상인 **편집주간** 황정산 **펴낸이** 진혜진
표지디자인 최혜원 **기획·마케팅** 전은빈 최유림 노혜림 정현수
책임교정 종이시계 **편집** 세종PNP
등록번호 제572-96-00959호 **등록일자** 2019년 6월 25일
주소 06621 서울시 서초구 서초대로74길 29, 904호
전화번호 02-747-1367, 010-7371-1871
팩스 02-747-1877 **전자우편** ssaangin@hanmail.net

ISBN 979-11-7490-000-5 (03810)

값 12,000원

* 이 책은 전라남도, 문화재단의 후원을 받아 발간되었습니다.
* 이 책은 전부 또는 일부 내용을 재사용하려면 반드시 저작권자와 도서출판 상상인의 동의를 받아야 합니다.
* 이 도서의 국립중앙도서관 출판시도서목록(CIP)은 서지정보유통지원시스템 홈페이지(http://seoji.nl.go.kr)와 국가자료공동목록시스템(http://www.nl.go.kr/kolisnet)에서 이용하실 수 있습니다.